THiLO

Delfingeschichten

Illustriert von Dorothea Ackroyd

Mix
Produktgruppe aus vorbildlich
bewirtschafteten Wäldern,
kontrollierten Herkünften und
Recyclingholz oder -fasern

Zert.-Nr. SGS-COC-2939
www.fsc.org
© 1996 Forest Stewardship Council

ISBN 978-3-7855-6549-0
1. Auflage 2010
© 2010 Loewe Verlag GmbH, Bindlach
Umschlagillustration: Dorothea Ackroyd
Reihenlogo: Angelika Stubner
Rätselfragen: Johanna Müller
Printed in Italy (011)

www.leseleiter.de
www.loewe-verlag.de

Inhalt

Eine neue Freundin 8

Der Geist im Wrack 18

Kunststück! 27

Zwei Freunde im Meer 35

Eine neue Freundin

Grete macht mit ihren Eltern
Urlaub auf einer kleinen Insel.

Grete isst Eis, schwimmt und
sammelt bunte Muscheln.
Aber dann ist ihr langweilig.

„Warum haben wir nicht
Livia mitgenommen?",
beschwert sich Grete.

Livia ist Gretes beste Freundin.
Die beiden spielen
am liebsten Prinzessin.

„Lass mich bitte lesen!",
sagt Mama nur.
Grete schnappt sich
ihre Taucherbrille.

Vielleicht sieht sie
ein paar Fische
im flachen Wasser.

Plötzlich blubbert es neben ihr.
Grete dreht sich um.
Da ist ja ein Delfin!
Und er guckt ganz lieb.

„Ich heiße Grete",
sagt Grete.
„Und wer bist du?"

Der Delfin wackelt
mit dem Kopf.
Grete überlegt.

„Ich werde dich Livia nennen,
wie meine Freundin."
Der Delfin schnattert fröhlich.
Grete muss lachen.

„Weißt du,
was eine Prinzessin ist?"
Livia sieht Grete fragend an.

„Das ist ein schönes Mädchen
mit einer Krone", sagt Grete.
Da schnattert Livia aufgeregt.
Sie zupft Grete am Badeanzug.

„Ich soll mitkommen?",
fragt Grete.

Langsam schwimmt Livia
vor ihr her.
An einer kleinen roten Boje
taucht der Delfin nach unten.

Grete sieht
durch ihre Taucherbrille.

Livia stupst etwas nach oben!
Ist das eine Schatzkiste?
Gespannt öffnet Grete
den Deckel.

Da liegt eine kleine Krone!
Grete setzt sie sich gleich
in ihre blonden Haare.

Jetzt kann sie mit Livia
sogar Prinzessin spielen.

Als ihre Eltern rufen,
legt Grete die Krone zurück.
„Bis morgen", sagt sie zu Livia.
Livia paddelt mit den Flossen.
Grete freut sich.
„Das heißt bestimmt ‚ja'."

Suche ein Wort mit drei „b".
Wie heißt das Wort davor?

Trage die Antwort im Kreuzworträtsel bei Nummer 1 ein.

Der Geist im Wrack

Fluki, der kleine Delfin,
wohnt mit seiner Familie
im Meer.

Am liebsten taucht er und
sucht nach neuen Plätzen
zum Spielen.

„Aber hüte dich
vor dem alten Schiff!",
warnt ihn seine Mutter.

„Dort haust
ein fürchterlicher Geist!"

Fluki weiß, wo das Wrack ist.
Kein Delfin traut sich dorthin.
Aber was ist eigentlich
so unheimlich daran?

Als seine Eltern weg sind,
schwimmt er schnell los.

Schon ist Fluki
beim alten Schiff.
Mutig schlüpft er
durch eine Luke.

Hier ist es finster.
Fluki gruselt sich.
Aber sonst ist niemand hier.

Fluki schwimmt um eine Ecke.
Plötzlich starren ihn
aus dem Dunkeln
zwei große Augen an!

„Der Geist!",
denkt Fluki erschrocken.

Wie der Blitz dreht er um.
Aber er kommt nicht vorwärts.
Sein Schwanz klemmt
in einer Tür fest.

Was soll Fluki jetzt tun?
Der Geist kommt immer näher.
Wie ein großer Schatten.

Fluki zittert am ganzen Körper.
Schnell kneift er die Augen zu.
„Lieber, lieber Geist!",
bettelt er.
„Beiße mich nicht!"

Direkt vor seiner Schnauze
erschallt ein Lachen.

Vorsichtig zwinkert Fluki.
Der Geist ist gar kein Geist!
Es ist ein Krake!

Mit seinen vielen Armen
befreit er Fluki aus der Tür.

Fluki will sofort abzischen.
„Komm bald mal wieder!",
bittet ihn der Krake.
„Ich bin immer allein!"
Fluki verspricht es.
Vor einem Kraken muss er
ja keine Angst haben!

 *Was will Fluki nach seiner Befreiung sofort machen? Tausche den dritten Buchstaben gegen „w". Welches neue Wort erhältst du?*

Trage die Antwort im Kreuzworträtsel bei Nummer 2 ein.

Kunststück!

Toni ist mit seinen Eltern
im Delfinarium.
Gleich beginnt die Schau.

Toni mag am liebsten
den Delfin Finn.
Er träumt davon,
einmal mit Finn zu schwimmen.

Jetzt stellt sich
Finns Trainer Ralf
an den Beckenrand.
Dann wirft er einen Ball.

Finn springt los.
Bevor der Ball ins Wasser fällt,
stupst er ihn zurück zu Ralf.

Die Menschen klatschen.
„Jetzt wird es richtig schwierig!",
kündigt Ralf an.

Er hält einen brennenden Reifen
über das Becken.
Toni hält den Atem an.

Finn schwimmt einen Bogen.
Mit Schwung saust er
aus dem Wasser …

… und springt genau
durch den Reifen.
Toni klatscht begeistert.

Ralf wirft Finn einen Fisch zu.
„Für Finns nächstes Kunststück
brauche ich einen Helfer!",
ruft Ralf.

Sofort meldet sich Toni.
Aufgeregt rennt er zum Becken.

Aber der Boden ist nass.
Toni rutscht aus
und fällt zu Finn ins Wasser!

Die Zuschauer halten den Atem an.
Auch Finn erschrickt.
Ob der Junge schwimmen kann?

Schnell taucht Finn
unter Toni durch.
Toni hält sich an Finn fest
und sie tauchen wieder auf.

Toni winkt seinen Eltern zu
und lacht glücklich.

„Bravo!", rufen alle laut.
Ralf holt Toni wieder an Land.
„Das war Finns bestes Kunststück!",
ruft er.
Und zur Belohnung darf Toni
Finn einen Fisch zuwerfen.

 *Suche ein Wort, das mit „B" beginnt und in dem zwei Begriffe stecken. Wie lautet der zweite Begriff?*

Trage die Antwort im Kreuzworträtsel bei Nummer 3 ein.

Zwei Freunde im Meer

Piet und Platsch sind
beste Delfinfreunde.

Mit den großen Delfinen
sind sie in
eine neue Bucht gezogen.

Sofort erkunden sie alles.
„Hier kann man klasse spielen!",
findet Piet.

Ihr Lieblingsspiel heißt
Hai und Delfin.

Platsch muss der Hai sein.
„Hilfe! Ein Hai!",
ruft Piet.

Im Zickzack jagen
die zwei Delfine durchs Wasser.
Das macht riesig Spaß!

„Hua! Ich fresse dich!",
ruft Platsch seinem Freund nach.
Piet lacht.

Er schwimmt zum Korallenriff.
Dort versteckt er sich
in einer Höhle.

Vorsichtig lugt er hinaus.
Da bekommt Piet
einen Riesenschreck.

Direkt hinter Platsch
schwimmt ein echter Hai!
„Platsch, pass auf! Ein Hai!",
warnt Piet.

Aber Platsch glaubt,
Piet spielt immer noch!

„Haha! Ich bin doch der Hai!",
ruft Platsch.
Piet muss ihm helfen.

Wie der Blitz saust er
aus seinem Versteck
auf den Hai zu.

„Mich kriegst du nicht!",
schnattert er und flitzt davon.
Überrascht reißt der Hai
die Augen weit auf.

Doch bevor er hinter Piet
herschwimmen kann,
sind die beiden Delfine verschwunden.

Piet hat Platsch
in seine Höhle gezogen.

„Gerade noch mal davongekommen!",
stöhnt Platsch,
als der Hai weg ist.
„Ja", stimmt ihm Piet zu.
„Wie gut,
dass wir so viel geübt haben!"

Suche ein Wort mit „ll" und „ff".
Wie lautet es?

Trage die Antwort im Kreuzworträtsel bei Nummer 4 ein.

Die ersten 20 Lebensjahre verbrachte **THiLO** in der Kinderecke der elterlichen Buchhandlung. Anschließend schaute er sich in Afrika, Asien und Mittelamerika um, bevor er mit Freunden als Kabarett-Trio „Die Motzbrocken" erfolgreich durch die Lande zog (Grazer Kleinkunstpreis, Hessischer Satirepreis).
Heute lebt THiLO mit seiner Frau und vier Kindern in Mainz und schreibt neben seinen Romanen Geschichten und Drehbücher, u.a. für Siebenstein, Sesamstraße, Schloss Einstein und Bibi Blocksberg.

Mehr über THiLO und seine Geschichten erfahrt ihr im Internet unter www.thilos-gute-seite.de

Dorothea Ackroyd wurde 1960 in Herford geboren. Sie studierte Visuelle Kommunikation und Grafikdesign. Danach arbeitete sie freiberuflich als Illustratorin, seit der Geburt ihrer Tochter hauptsächlich für Kinder- und Jugendbuchverlage.

Knacke das Rätsel!

Sammle von Geschichte zu Geschichte die Antworten zu den Fragen und trage sie hier ins Kreuzworträtsel ein. Das Lösungswort verrät dir, was Delfine am liebsten essen. Was ist es?

Kleine Hilfe: ö = oe
Das Lösungswort heißt:

1	2	3	4	5	6

Lesen, rätseln, Punkte sammeln!

Schau einfach mal rein unter www.leseleiter.de: Dort kannst du mit den Lösungswörtern aus den Lese-Rallye-Büchern wertvolle Punkte sammeln und sie gegen tolle Leseleiter-Prämien eintauschen.
Viel Spaß!